AF357435

# LES PRINCES D'ÉCOSSE,

## OU

## LES RUINES — E LA FORÊT,

PANTOMIME DIALOGUÉE,

## EN TROIS PARTIES.

## PAR M. M. DE R....

Musique arrangée par **M. BOSISIO.** — Décors de **M. LAURENT.** — Mise en scène et combats de **M. AUGUSTE.** — Ballet de **M. GODET.**

Représentée, pour la première fois, sur le Théâtre du Luxembourg, le 27 décembre 1828.

## PARIS.

**CHEZ J.-N. BARBA, ÉDITEUR-PROPRIÉTAIRE**
DES ŒUVRES DE MM. PIGAULT-LEBRUN, PICARD et Alex. DUVAL,
COUR DES FONTAINES, N. 7.
**ET AU MAGASIN DE PIÈCES DE THÉATRE,**
PALAIS-ROYAL, GALERIE DE CHARTRES, DERRIÈRE LE THÉATRE FRANÇAIS.
1829.

<table>
<tr><td>Personnages.</td><td>Acteurs.<br>MM.</td></tr>
<tr><td>RICHARD, prince d'Écosse, frère d'Édouard.</td><td>Clairville aîné.</td></tr>
<tr><td>FIDÉLIO, jeune Français, page de Richard.</td><td>Francis.</td></tr>
<tr><td>WILLIAMS, vieux montagnard écossais.</td><td>Dauvergne.</td></tr>
<tr><td>DICKSON, fils de Williams, valet de Fidélio.</td><td>Ferdinand.</td></tr>
<tr><td>ARONDEL, ministre de la duchesse.</td><td>Adolphe.</td></tr>
<tr><td>DOUGLAS, capitaine des gardes de Malvina.</td><td>Félix.</td></tr>
<tr><td>MORTIMER,<br>MACKIRTON,<br>JARWICK,     Conjurés irlandais.<br>HAROLD,<br>BERALD,<br>PATRICK,</td><td>Auguste.<br>Henry.<br>Alphonse.<br>Boileau.<br>Emile.<br>François.</td></tr>
<tr><td></td><td>M<sup>lles</sup>.</td></tr>
<tr><td>MALVINA, veuve d'Edouard, duc d'Ecosse.</td><td>Clara.</td></tr>
<tr><td>MATHILDE, princesse d'Irlande, aimée de<br>      Richard.</td><td>Adèle.</td></tr>
<tr><td>Une jeune Écossaise.</td><td>Céleste.</td></tr>
</table>

Ecossais, Ecossaises, Irlandais, Gardes.

*La scène se passe en Écosse.*

PARIS. — IMPRIMERIE DE FAIN,
Rue Racine, n. 4, Place de l'Odéon.

# LES PRINCES D'ÉCOSSE,

ou

# LES RUINES DE LA FORÊT.

## PREMIÈRE PARTIE.

Le théâtre représente l'intérieur de la maison de Williams. Des portes à droite et à gauche conduisent dans l'intérieur. On aperçoit de hautes montagnes à travers les vitraux du fond.

## SCÈNE PREMIERE.

**WILLIAMS, MATHILDE,** *elle porte l'habit d'une montagnarde écossaise,* **DICKSON.**

### WILLIAMS.

Silence! respect à la consigne! et ne m'interrompez plus. Jadis j'avais une femme, et je possédais une place; la femme parla, c'est l'usage de son sexe, et son indiscrétion me fit perdre mon emploi. Ta mère, mon cher Dickson, ne survécut pas à ma disgrâce qu'elle avait causée; et comme j'aimais ma femme parce qu'elle était jolie, et mes fonctions qu'on me payait généreusement, je les regrettai beaucoup, en jurant, lorsque je me retirai dans cette chaumière, seul bien qui me soit resté, de ne souffrir jamais que ceux qui dépendent de moi ouvrent la bouche en ma présence, si ce n'est pour boire et pour manger; car les murs ont des oreilles, et les méchans des langues toujours promptes à taire le bien et à publier le mal. Toi, Dickson, tu voulus courir le monde, et tu te rendis à la cour, où le jeune Fidélio,

1

musicien et page du prince Richard, te prit en affection,
te plaça près de lui, et te combla de bontés, que l'honneur
nous défend d'oublier. Aujourd'hui tu reviens près de
moi, accompagné de cette belle enfant, me demandant un
asile pour tous les deux; je l'accorde, persuadé qu'elle
le mérite ( *Il regarde Mathilde*), que sa visite sera
courte, et que Dickson ne voudrait pas compromettre
son père; mais j'exige d'elle, ainsi que de toi, l'entière
exécution de mes ordres; ainsi donc, muets ou partez; je
ne veux rien savoir, et je vous ouvre mes bras ou ma
porte, c'est à vous de choisir.

( Dickson et Mathilde promettent d'obéir.)

WILLIAMS.

Vous obéirez? A merveille, je suis satisfait, et Williams partagera volontiers le peu qui lui reste avec son
fils, et cette chère demoiselle que je m'honore de posséder chez moi. (*A Mathilde en se découvrant*). Oui,
miss, ou milady, car je ne sais de quel nom vous appe-
ler : en vain de grossiers vêtemens vous couvrent; la
blancheur de votre teint, la délicatesse de vos traits, la
douceur de cette jolie main que je voudrais presser dans
les miennes, m'indiquent assez que vous valez mieux
que votre habit, et ce n'est pas ordinaire à présent. Mais
sans doute vous voulez cacher qui vous êtes? Et comme
au milieu des troubles qui divisent l'Écosse, votre présence pourrait éveiller l'attention, il faudrait consentir,
pendant votre séjour chez moi, à passer pour l'épouse
de Dickson, qui vient m'offrir ses devoirs?

( Mathilde exprime à Williams qu'elle accepte cette proposition.)

WILLIAMS.

C'est arrangé, et vous voilà ma bru pour toute la journée. Maintenant, mes enfans, parlons de nos affaires.
Ton retour, mon pauvre Dickson, m'annonce que tu n'as
plus de place, et cela ne m'étonne point. Tu servais le
page Fidélio, Fidélio servait le prince Richard : le prince
a perdu sa raison, Fidélio devait perdre son emploi, et
sa chute entraîner la tienne; c'est tout naturel : dans ce
monde, vrai jeu de bascule, tel s'élève aujourd'hui, qui
rampera demain, et de ricochets en ricochets, le même
pouvoir qui te force à descendre pourra te faire remon-
ter. Quant à moi, pour rester constamment le même, je
ne fais rien, et ne sers personne. Le duc Édouard gou-

vernait l'Écosse ; il épouse la princesse Malvina, aussi belle que fière et vindicative, il n'est pas heureux, et descend au tombeau : que m'importe ? Sa veuve s'empare de l'autorité, et s'oppose, on ne sait pourquoi, à l'union du prince Richard, frère de son défunt époux, et son légitime héritier, avec la comtesse Mathilde d'Irlande : je n'y vois aucun mal. Mathilde disparaît, on fait courir le bruit de sa mort : je ne m'en soucie guère. Richard tombe dans le délire, et Malvina continue à porter la couronne : grand bien lui fasse. La division éclate entre l'Écosse et l'Irlande, dont Malvina veut s'emparer : cela ne me regarde point. La guerre n'en veut qu'aux palais, et respecte les chaumières ; aussi je vis tranquille sans prendre part pour l'une ou pour l'autre ; regrettant quelquefois le passé, jouissant du présent, m'embarrassant peu de l'avenir, et n'obéissant qu'à Dieu, nos lois, ma conscience et mon devoir.

( Dickson fait remarquer à Williams que Mathilde, dont l'agitation a été croissante pendant le couplet, a besoin de repos.)

WILLIAMS, *ouvrant la porte à gauche.*

Entrez, miss, entrez dans cette chambre ; elle sera la vôtre, et personne ne s'y introduira. Si l'on a besoin de vous, un léger coup sera le signal. Vous m'êtes inconnue ; mais tout me dit qu'en vous servant je fais une bonne action. Toi, Dickson, parcours le village, embrasse tes amis, annonce-leur ton mariage, ton arrivée, et dis-leur que ta femme est ici.

(Mathilde témoigne à Williams combien elle est reconnaissante, et sort par la gauche. Dickson presse la main de son père, et se retire par le fond.)

# SCÈNE II.

## WILLIAMS, *seul.*

Devais-je recevoir cette étrangère ? D'où vient-elle ? qui est-elle ? où va-t-elle ? Je l'ignore... Williams, Williams, qu'as-tu fait de ta prévoyance ? Allons, pas de remords. Cette femme a besoin de moi, mon fils m'implore pour elle, cela doit me suffire. Obliger d'abord, réfléchir ensuite, est à vrai dire la devise de l'imprudence ; mais c'est aussi celle de l'humanité..... Quel est ce bruit ? (*Il regarde*). Encore un voyageur !

# SCÈNE III.

WILLIAMS, FIDÉLIO, *enveloppé dans un large manteau.*

FIDÉLIO.

Enfin, je l'ai trouvée, cette demeure que je cherchais, et ma foi ce n'est pas sans peine.

WILLIAMS.

Que voulez-vous?

FIDÉLIO.

Un gîte.

WILLIAMS.

Et vous l'aurez?...

FIDÉLIO.

Ici.

WILLIAMS.

Vous allez donc?...

FIDÉLIO.

Chez vous.

WILLIAMS.

Ah! vous venez chez moi?

FIDÉLIO.

Un peu, mon camarade.

WILLIAMS.

De quelle part?

FIDELIO.

De la mienne.

WILLIAMS.

Et je vous recevrai?...

FIDELIO.

En ami, j'en suis sûr.

WILLIAMS.

Vous me connaissez donc?

FIDELIO.

Peut-être mieux que vous.

WILLIAMS.

Nous verrons.

FIDÉLIO.

C'est tout vu.

WILLIAMS.

Je m'appelle ?...

FIDÉLIO.

Williams.

WILLIAMS.

Mon état ?

FIDÉLIO.

Aucun.

WILLIAMS.

Ma fortune ?

FIDÉLIO.

Zéro.

WILLIAMS.

Mes espérances ?

FIDÉLIO.

Nulles.

WILLIAMS.

Mon caractère ?

FIDÉLIO.

Bon.

WILLIAMS.

Mon esprit ?

FIDÉLIO.

Craintif.

WILLIAMS.

Mon goût ?

FIDÉLIO.

Les belles.

WILLIAMS.

Mon plaisir ?

FIDÉLIO.

Le vin.

WILLIAMS.

C'est fort !

FIDÉLIO.

C'est vrai.

WILLIAMS.

Oui, parbleu, c'est vrai, mon petit lutin ; mais à ton tour, dis-moi, génie, diable ou sorcier, comment, ne te connaissant guère, je puis te traiter en ami ?

FIDÉLIO.

Aussitôt que tu sauras mon nom, ta figure s'épa-
nouira, la nappe sera mise, le croc dégarni, le festin
servi, le porter versé, et nous trinquerons ensemble.

WILLIAMS.

Tout ça avec ton nom? Quel est-il donc, enfin?

FIDÉLIO.

Serviteur du prince Richard, jadis maître, et toujours
ami de ton fils; je me nomme Fidélio.

*( Il ôte son manteau. )*

WILLIAMS.

Ce page, dont mon fils ne m'a jamais parlé qu'avèc
attendrissement et reconnaissance, serait devant mes
yeux! Ah! seigneur, excusez une familiarité...

FIDÉLIO.

Que suis-je donc plus que toi? Ton fils, ainsi que
moi, recevions un salaire pour prix de nos services; j'étais,
il est vrai, du nombre des serviteurs qui paient, et
Dickson de celui des serviteurs payés; mais le courtisan
du prince, logé, soldé par lui, n'est pas, aux yeux du
sage, fabriqué d'une autre matière que le valet payé
par le courtisan.

WILLIAMS.

Ce pauvre Dickson, avec quel plaisir il vous reverra!

FIDÉLIO.

Il est arrivé?

WILLIAMS.

De ce matin.

FIDÉLIO, à part.

Je respire. (*Haut.*) Il pourra me servir.

WILLIAMS.

Avec zèle, et pour vous je délierai sa langue.

FIDÉLIO.

Au contraire, il se taira.

WILLIAMS.

Tant mieux.

FIDÉLIO.

Pour se borner à agir.

WILLIAMS.

C'est ça, morbleu! Trop parler nuit souvent; mais
s'exprimer avec des gestes, ça donne de l'exercice, et
l'on n'est pas compromis.

FIDÉLIO.

Compromis? vous craignez donc....

WILLIAMS.

'Tout ce qui peut troubler mon repos; et, si j'entrais dans une conspiration, je serais mort avant le résultat.

FIDÉLIO.

Pour épargner la peine............

WILLIAMS, l'interrompant.

Taisez-vous ! Y penser seulement me donne le frisson

FIDÉLIO, à part.

Que serait-ce donc s'il apprenait que son fils!... Dérobons-lui cette connaissance, et gagnons son amitié. (*Haut*). Ah ça, bon Williams, c'est entendu, vous m'accordez une part dans votre estime, une confiance qui m'est nécessaire, et dont je n'abuserai pas? Enfin, vous me permettez de recevoir ici des amis qui doivent m'aider à célébrer une fête en l'honneur de Richard et de Malvina ?

WILLIAMS.

Vous servez donc toujours ce prince infortuné ?

FIDÉLIO.

Je ne suis plus son page, mais son guide, son consolateur; les sons de ma harpe lui rendent parfois l'exercice de sa raison, et c'est alors qu'il est bien malheureux.

WILLIAMS.

Oui, je sais son amour pour la princesse Mathilde..... Mais si vous êtes riche encore, et bien à la cour, pourquoi Dickson vous a-t-il quitté ? a-t-il moins d'adresse qu'autrefois? aurait-il oublié ses devoirs ?

FIDÉLIO.

Au contraire, et nous en reparlerons. La duchesse Malvina, pour calmer les douleurs et la mélancolie du prince, lui donne chaque jour les divertissemens de la chasse, de la danse; et comme elle vient visiter ces contrées....

WILLIAMS.

La duchesse Malvina ?

FIDÉLIO.

Aujourd'hui vous pourrez la voir.

WILLIAMS.

Et Dickson ne m'a pas dit....

FIDÉLIO.

Il ne le savait pas.

WILLIAMS.

C'est juste; d'ailleurs je lui ai imposé silence.

FIDÉLIO.

Et le voyage de la cour n'a été décidé qu'hier. Ainsi, Williams, mes danseurs, les musiciens, qui doivent recevoir mes ordres, vous souffrirez qu'ils viennent ici ?

WILLIAMS.

Disposez de ce que je possède.

FIDÉLIO.

Bien.

WILLIAMS.

Eh ! dites-moi, seigneur Fidélio, la folie du prince est-elle effrayante ?

FIDÉLIO.

Non, elle inspire la pitié, et jamais la terreur. Victime de la fatalité, raison, bonheur, puissance, Richard a tout perdu ; mais Fidélio lui reste, seul il connaissait les pensées de son maître, seul peut-être il conserve encore l'espérance de voir terminer ses malheurs. Oui, cher prince, vos bontés sont toujours présentes à mon souvenir, l'ingratitude n'a point glacé mon cœur, ni vos chagrins rallenti mon courage ; et Fidélio, si le ciel lui prête un appui généreux, ramènera le calme dans vos esprits, (*à part*) vous rendra votre Mathilde, le sceptre de vos aïeux, et confondra vos lâches ennemis.

WILLIAMS, à part.

Dois-je lui parler de la dame amenée par Dickson ? Peutêtre la connaît-il !..... Avant de rompre le silence, concertons-nous avec mon fils.

FIDÉLIO.

Les personnes que j'attends ne sauraient tarder à venir. Williams, que ma présence ne vous dérange pas : allez à vos travaux, je m'établis maître de la maison.

WILLIAMS.

Puisque vous le permettez.... (*A part*). Allons prévenir mon fils. (*Haut*). Dans un instant Dickson sera à son poste, et le vieux Williams exercera de son mieux les devoirs de l'hospitalité.

FIDÉLIO.

Allez, mon digne ami.

WILLIAMS, à part en sortant.

Le retour de mon fils ! cette jeune inconnue ! l'arrivée du seigneur Fidélio ! la souveraine que nous allons voir ! ma tête s'y perd ; cette journée sera véritablement pour moi la journée aux événemens.

(Il sort.)

# SCÈNE IV.

### FIDÉLIO.

J'affecte une tranquillité que je suis loin de posséder. Moi, simple page, à peine aux portes de la vie, étranger à ces climats puisque la France m'a vu naître, n'ayant pour rang et pour fortune que mon audace et mon esprit, je me fraie un chemin sur le sol mouvant de l'intrigue! L'âme et le chef d'une conspiration dont je tiens le fil dans la main, j'ai la présomption de lutter d'adresse avec la duchesse Malvina, la plus cruelle et la plus dissimulée des femmes. Je veux l'enlacer dans mes filets, et sauver à la fois Mathilde qu'elle retenait prisonnière, et le prince Richard, dont l'amour causa le délire, et que l'amour seul peut guérir. Ce plan est vaste, digne de moi ; mais l'exécution est difficile, impossible, peut-être ! Impossible ? Non, non, la reconnaissance a gravé dans mon cœur ce que je dois au plus chéri des maîtres, et tant qu'un souffle de vie animera Fidélio, Richard peut compter que l'amitié veillera sur lui. Mais j'entends nos braves Irlandais.

# SCÈNE V.

## FIDÉLIO, MORTIMER, PATRICK, MACKIRTON, JARWICK, HAROLD, GERALD.

(Couverts de manteaux, et s'avançant avec précaution, ceux dont Fidélio a annoncé l'arrivée, descendent de la montagne, et pénètrent dans la demeure de Williams.)

### FIDÉLIO.

Venez, seigneurs, c'est ici le lieu du rendez-vous ; nous sommes réunis et pouvons librement discourir. Noble Mortimer, vaillant Mackirton, et vous tous qui brûlez de répandre votre sang pour l'état et vos princes, si je vous ai déterminé, à prendre ce déguisement qui ne diffère de l'habit écossais que par votre panache, dont la couleur indique le deuil de votre âme ; si la barque française qui vous a conduits en Ecosse mouille dans une anse voisine de ces lieux ; si j'ai fait entendre à l'usurpatrice Malvina, pour la forcer à venir ici, que la paix renaîtrait à sa voix, c'est dans l'espoir de remettre Mathilde dans vos bras.

( Les chevaliers irlandais expriment à Fidélio leur surprise et l'invitent à continuer. )

FIDÉLIO.

Malvina, par un motif que je crois deviner, sans pouvoir l'expliquer encore, voyait avec effroi l'alliance de votre princesse et du jeune Richard. La disparition de Mathilde, la folie du prince, ont mille fois attristé vos esprits; mais ce dont vous n'étiez pas instruits, c'est que Malvina, faisant célébrer les funérailles de Mathilde, la plongeait dans un horrible cachot.

(Les chevaliers font un mouvement.)

FIDÉLIO.

Modérez votre indignation. Malvina avait besoin d'un confident, et, n'osant dévoiler son crime à l'ambitieux Arondel, son premier ministre, le hasard et la Providence lui firent jeter les yeux sur moi. Mon âge inspire la confiance; j'obtins celle de la duchesse; un coup d'œil me suffit pour juger la position, et, pour mieux perdre la perfide, je feignis de la servir. Admis près de votre princesse, je pris l'empreinte des clefs de sa prison; un habile ouvrier m'en fournit de semblables; et dès hier un valet, appelé Dickson, d'une adresse peu commune et d'un dévoûment à l'épreuve, a dû briser les fers de Mathilde. Depuis quelques heures, Dickson est arrivé, ici, chez son père, dans cette maison, et sans doute la noble captive est en lieu de sûreté. Braves Irlandais, voici l'instant d'agir; unis à nos danseurs, vous pourrez les seconder, ils sont dans mes intérêts. Ce soir, pendant le tumulte de la fête, Mathilde, guidée par vous, s'avancera vers la barque; le prince Richard s'y trouvera; nous voguerons vers la France, et bientôt ce pays, asile de l'honneur et berceau du courage, nous fournira le moyen de renverser l'usurpatrice, de rendre à Mathilde ses états, et de placer près du trône légitime les lois et la liberté.

(Mortimer, et les autres Irlandais tirent leurs épées, et jurent à Fidélio de seconder ses projets ou de perdre la vie.)

FIDÉLIO.

Étourdi, téméraire, les dangers ne peuvent effrayer un page, et Français, c'est toujours en avant que le cœur nous dit de marcher.... Mais d'où proviennent les cris que j'entends? Qui peut attirer ici cette foule de montagnards.... Dieu! c'est Richard! Volons auprès de lui.

# SCÈNE VI.

LES PRÉCÉDENS, RICHARD, MONTAGNARDS, MONTAGNARDES.

RICHARD, aux Écossais qui l'entourent.

Pourquoi suivre mes pas? Que voulez-vous? De l'or? je n'en ai pas. Des emplois? ai-je encore le droit d'en donner? Des larmes? ah! toujours! toujours!

FIDÉLIO, aux Écossais.

Éloignez-vous, mes amis. (*A Richard*). Cher prince, quel motif a dirigé vos pas de ce côté? Pourquoi vous séparer de vos gardes?

RICHARD.

Des gardes! A quoi me serviraient-ils? Malheureux Richard, c'est d'un ami que ton cœur a besoin, et je ne vois pas Fidélio.

FIDÉLIO.

Il est auprès de vous, il presse votre main sur ses lèvres.

RICHARD.

Oui, c'est lui; le voilà, et je me plaignais de son abandon! Ah Fidélio, pardonne à l'égarement de mes idées; et dis-moi, dis-moi que je ne me suis pas trompé, quand tout-à-l'heure... (*Il aperçoit Mortimer.*) Que veut cet homme? ses yeux sont attachés sur moi! Que me veut-il?.... Il paraît bon cependant.... (*A Mortimer.*) Approchez, ne craignez pas; vous paraissez touché de ma misère, approchez.... Tu ne me trahiras pas, tu me diras la vérité; le trône, on m'en a dépouillé, et le mensonge a dû me fuir; on ne trompe que l'homme puissant.

FIDÉLIO.

Quel trouble agite vos esprits? La duchesse Malvina....

RICHARD.

Elle opprime les peuples dont je voudrais être le père; je la vois chaque jour, à toute heure, et tu veux que je sois tranquille?

FIDÉLIO.

L'altération de vos traits m'annonce que Malvina n'est pas la seule cause....

RICHARD.

Oh! non, non; pose ta main sur mon cœur, vois comme il bat,... c'est de plaisir, d'espérance. Malvina ne le fait pas battre ainsi.

FIDÉLIO.

. Expliquez-vous.

RICHARD.

Attends que je rassemble mes souvenirs... Ce matin, tu m'avais quitté, le sommeil avait fui ma paupière; je parcourais lentement les longues galeries du château, où mon frère commandait jadis; tout à coup des sons viennent frapper mon oreille! O bonheur! c'est le nom de Mathilde qu'on avait prononcé. « Oui, je vous l'avais » caché, mon cher Arondel » (disait une voix qu'au frémissement qui m'agitait, j'ai reconnue pour celle de Malvina). « Oui, sa mort fut une fable inventée par » ma politique; mais elle existe encore, cette Mathilde » abhorrée; elle était ma prisonnière, et ces dépêches » m'apprennent son évasion. »

FIDÉLIO.

Dickson m'a bien servi.

RICHARD.

Mathilde vivante! Mathilde en liberté! Ces paroles que je crois entendre encore, cette existence que je paierais de tout mon sang, est-ce mon imagination en délire qui me fait croire à leur réalité? (*A Mortimer.*) Tu pleures! Tu as donc un cœur sensible! Tu n'habites donc pas à la ville?

FIDÉLIO, bas aux Irlandais.

Chevaliers, la duchesse connaît la fuite de Mathilde; ne perdons pas un instant pour exécuter nos projets, et sitôt que Dickson m'aura dit....

RICHARD.

Bientôt après on se mit en route; tu nous avais devancés, mon cher Fidélio. Triste et pensif, réfléchissant aux paroles que j'avais entendues, je suivais la duchesse; tout à coup, et l'œil d'un amant pouvait seul les apercevoir, je vis ou je crus voir une jeune fille, dont la démarche me rappelait Mathilde.

FIDÉLIO.

O ciel!

RICHARD.

Un montagnard l'accompagnait; la distance qui nous séparait était considérable; la raison cessa de m'être ravie, les battemens de mon cœur devinrent plus vifs; je fis un cri, m'éloignai du cortége, suivis une route que l'amour m'indiquait, et je me trouve, après trois heures de marche et de fatigue, près de mon Fidélio sans sa-

voir où je suis, d'où je viens, où je vais ; le plus heureux des hommes, si mes sens ne m'ont pas trompé ; le
plus à plaindre, si tes discours ne viennent confirmer
mon espoir.

FIDÉLIO.

Oui, prince, le bonheur peut luire encore pour vous.

RICHARD.

Je reverrais Mathilde !

FIDÉLIO.

N'avez-vous pas entendu la duchesse confier à son ministre que la princesse d'Irlande existait ?

RICHARD.

Et mon oreille ne peut-elle s'être abusée ? On croit si
vite ce qu'on désire ! Si le désordre de mes esprits a seul
enfanté ce récit ? si mes yeux se sont mépris, si le délire de ma tête a pénétré jusqu'à mon cœur ?.... Etran-
gers, l'avez-vous connue, cette Mathilde que j'idolâtrais ?
Oui ? Tant mieux, vous la chercherez avec moi.... Nous la
pleurerons ensemble..... Attendez ! n'est-ce pas sa voix
que j'entends ? n'est-ce pas elle qui gravit la montagne ?
Un loup furieux va peut-être la dévorer, il faut la défendre, venez.... Mais, épuisées par la fatigue, mes forces
ne me suffisent plus ; soutenez-moi, mes amis !... Partons !
partons !.... Point de repos que Mathilde ne soit heureuse.
Point de bonheur qu'elle ne soit entre mes bras.

FIDÉLIO.

Vaillant Mortimer, je le confie à vos soins généreux.
Dickson va se rendre près de moi ; il faut que je lui parle,
laissez-moi seul ici, mais ne quittez pas le prince.

RICHARD.

Mathilde ! Mathilde ! Te posséder ou mourir.

( Richard, suivi de Mortimer et des chevaliers irlandais, gravit précipitamment la<br>montagne. )

# SCÈNE VII.

## FIDÉLIO.

Oui, mes espérances vont se réaliser... Si le prince ne
s'est pas trompé, si Mathilde et Dickson ont vraiment
paru à ses yeux.... Mais Williams ne revient pas !....
Son fils, dont la présence me devient indispensable, me
cherche peut-être, tandis que je l'attends. (*On entend
tomber un meuble dans la pièce où Mathilde est entrée*).

Ah! ah! cette chambre est occupée. Voyons. (*Il regarde*). Une jeune Écossaise, d'une taille charmante!
Ma foi, le service de Richard ne peut me faire oublier que
je suis jeune et page; faisons l'aimable près de cette
belle enfant, et n'attrapé-je qu'un baiser, ce sera toujours autant de gagné.

( Il frappe à la porte de Malthilde )

# SCÈNE VIII.

### FIDÉLIO, MATHILDE.

( Mathilde ouvre la porte avec précaution, elle entre; Fidélio la suit, il est près d'elle,<br>il va l'embrasser, la princesse se retourne. )

FIDÉLIO, à part.

Ciel! la princesse Mathilde! O bonheur! tous mes
vœux sont remplis.

( Mathilde, le doigt sur la bouche, lui impose silence. )

FIDÉLIO.

Ne craignez rien, et fiez-vous à ma foi. Le prince Richard a cru vous reconnaître, il vous cherche, il faut
éviter sa vue. La duchesse Malvina connaît votre évasion,
sa fureur va s'accroître encore; vos Irlandais sont arrivés;
une barque vous attend, la France nous appelle; Richard reprendra sa raison, mon zèle répond de tout, Dickson me secondera; ce soir vous serez heureuse, ou je
n'existerai plus.

( Fidélio se jette aux pieds de la princesse et presse sur ses lèvres la main qu'elle lui<br>présente. Malvina, suivie d'Arondel, Douglas, Williams, Dickson, des Irlandais<br>amis de Mathilde, des montagnards et de ses gardes, paraît sur les montagnes. )

FIDÉLIO.

C'est la duchesse! fuyez, fuyez, madame, ou nous sommes tous perdus.

( Mathilde rentre, et referme la porte. Malvina, s'arrêtant à la porte de la chaumière,<br>examine Fidélio. )

# SCÈNE IX.

### MALVINA, FIDÉLIO, WILLIAMS, DICKSON, MORTIMER, ARONDEL, DOUGLAS, Irlandais, Écossais, Montagnards et Montagnardes.

MALVINA.

Que personne ne puisse sortir. Fidélio, quel motif
vous a fait quitter votre maître? Je viens de le trouver

entouré d'étrangers; d'où provient tant de négligence?
Que faites-vous ici?

FIDÉLIO.

Je venais de quitter le prince, madame, et mon devoir...

MALVINA.

Votre devoir est dans l'obéissance. Quel est le maître
de cette maison?

WILLIAMS.

Un soldat qui vingt ans combattit pour l'Écosse et
pour votre époux.

MALVINA.

Pour Édouard? C'est bien, mon ami; j'estime les guerriers, ils défendent le trône. (*Bas à Arondel et à Dou-*
*glas.*) Flattons sa vanité, il pourra me servir. (*Haut.*)
Et je me félicite, bon vieillard, d'être venue chez vous.

FIDÉLIO, bas à Williams.

Défiez-vous de ses paroles.

WILLIAMS, bas à Dickson.

Comme sa voix est douce!

FIDÉLIO, bas à Williams.

Mais voyez ses regards.

MALVINA.

Eh bien, Fidélio, me ferez-vous long-temps attendre
une réponse?

FIDÉLIO.

Madame, le désir d'embellir la fête dont vous m'avez
ordonné les apprêts....

MALVINA.

Taisez-vous, je n'interroge plus. (*A Williams.*) Vous
vous nommez?...

WILLIAMS.

Williams.

MALVINA.

Et vous habitez seul cette chaumière?

WILLIAMS.

Avec mon fils Dickson, de retour aujourd'hui.

MALVINA.

Aujourd'hui! Et cette chambre, qui l'occupe?
( Elle montre la chambre de Mathilde.)

FIDÉLIO, à part.

Malheureux! elle a vu la princesse!

MALVINA.

D'où vient votre silence? ignorez-vous quels hôtes
vous possédez!

WILLIAMS.

Madame.... ( *Bas à Dickson.* ) Dickson , m'aurais-tu trompé?

MALVINA.

Si votre mémoire vous trahit, Fidélio pourra nous apprendre leurs noms.

FIDÉLIO.

Moi , madame?

MALVINA.

Oui , j'ai vu... (*A Williams.*) Il les connaît fort bien.

WILLIAMS, à qui Dickson a parlé bas.

S'il connaît la femme de mon fils!... belle nouvelle! c'est lui qui les a mariés. (*A part.*) Je ne sais ce que je dis, ce que je pense et ce que je fais.

FIDÉLIO, bas à Williams.

A merveille; Dickson t'a donc appris?...

WILLIAMS.

Rien.

MALVINA.

Ah! Fidélio se mêle de mariage... (*A part.*) J'éclaircirai cela. (*Haut.*) Je veux voir cette beauté, digne sans doute des hommages qu'il lui rendait. Williams, conduisez-la vers moi.

FIDÉLIO, bas à Williams.

Refusez, ou nous sommes chargés de fers.

WILLIAMS, à part.

Ah! mon Dieu! (*Haut.*) Princesse, je voudrais....

MALVINA.

Obéissez, ou vos jours sont comptés.

WILLIAMS, à Dickson.

Malheureux! tu me perds.

FIDÉLIO, faisant un signe à Dickson.

Mais il peut nous sauver.

( Williams ouvre la porte de Mathilde , il la prend par la main ; Dickson, qui a compris le signe de Fidélio, a passé promptement près de son père , et saisissant une des jeunes Écossaises dont Mathilde porte le costume , il la substitue à la princesse, et Williams la présente à Malvina sans la regarder , tandis que Mathilde prend place au milieu des montagnards.)

MALVINA.

Elle est fort bien.

FIDÉLIO, à part.

Elle est sauvée!

WILLIAMS, à part.

Miséricorde! ce n'est plus la même.

**MALVINA.**

Votre choix est du meilleur goût, Fidélio, et je vous
en félicite.... Mais peut-être n'est-elle pas seule ; Douglas, visitez cette demeure.

*( Douglas entre dans la chambre que Mathilde a quittée. )*

**MALVINA.**

Peuple, guerriers, écoutez-moi ! Une femme que des
raisons d'état privaient de sa liberté, a ce matin brisé
ses fers, elle s'est dirigée vers ces lieux. ( *En regardant
Fidélio.* ) On me l'a dit. J'ouvrirai mes trésors à qui
m'apprendra sa retraite....

**WILLIAMS**, bas à Fidélio.

Serait-ce la dame amenée par Dickson ?

**FIDÉLIO**, bas à Williams.

Dites un mot, et j'ai cessé de vivre !

**WILLIAMS.**

Je suis muet.

**MALVINA.**

Et lui donner asile, c'est marcher à la mort.

**WILLIAMS.**

C'est fait de nous !

**FIDÉLIO.**

Nous nous tiendrons compagnie.

**WILLIAMS.**

Et Williams quoi qu'il arrive, ne vous trahira jamais.

*( Douglas sort de l'appartement de Mathilde. )*

**MALVINA**, à Douglas.

Personne ne s'y trouvait ?... Je veux bien croire qu'on
ne me trompait point. Gardes, accompagnez tous ces
bons montagnards ; que pas un ne s'éloigne, ils pren-
dront part aux fêtes qui se préparent.

**FIDÉLIO**, bas à Dickson.

Dickson, je compte sur toi.

**MALVINA.**

Arondel, redoublez de vigilance ; Fidélio, ne quittez
plus le prince ; Douglas, que votre épée soit toujours
dans vos mains, et si quelqu'un, méconnaissant mes
bontés, songeait à me trahir, punissez le perfide, et Malvina vous récompensera.

*( Malvina jette un dernier regard sur Williams, Dickson et les Ecossais, tandis que
Fidélio, la main sur son cœur, semble remercier Williams. Arondel et Douglas
suivent la duchesse. )*

**FIN DE LA PREMIERE PARTIE.**

# DEUXIÈME PARTIE.

Le théâtre représente l'intérieur des jardins de Malvina. A gauche une porte en bronze, pratiquée dans un rocher artificiel ; à droite un pavillon chinois d'une riche architecture. Dans le fond un pont élégant, montant du milieu du théâtre sur un chemin tracé dans le roc. Une riche balustrade règne dans toute la longueur du chemin. Un torrent passe sous le pont.

## SCÈNE PREMIÈRE.

Au lever du rideau, Mortimer, Jarwick, Mackiston, et les autres Irlandais et Irlandaises, sont groupés et endormis dans les diverses parties du jardin. Le jour commence à paraître. Fidélio, une harpe à la main, s'avance avec mystère, et réveille les Irlandais, après avoir déposé sa harpe sur un banc.

### FIDÉLIO.

Chevaliers, le soleil a commencé sa carrière ; ne vous livrez plus au repos, et voyons ce qui nous reste à faire. La princesse Mathilde, rendue à la liberté par les soins de mon fidèle Dickson, à la faveur de son déguisement, a su tromper hier soir la vigilance inquiète de Malvina : par mes soins, elle repose là, dans ce pavillon (*il le désigne*) ; mais il faut par prudence l'éloigner de ces lieux. Le prince, abattu par les fatigues de la dernière journée, goûte maintenant les douceurs du sommeil, sous la garde de Dickson, qui ne le quittera pas·, et le dirigera de ce côté, où je veux lui faire voir Mathilde. Williams, ce digne montagnard, chez lequel vous me trouvâtes hier, a le caractère trop craintif pour qu'il soit convenable de l'initier à nos projets ; sa confiance, sa gaîté, sa bonhomie, peuvent cependant nous être utiles ; il en faudra profiter. Quant à nous, mes amis, cachons nos projets sous l'apparence de la folie ; livrons-nous aux jeux, à la danse, aux plaisirs, jusqu'à l'instant où Richard et Mathilde, échappés par nos soins, s'élanceront dans la barque amarrée sur cette côte ; alors nos chants d'ivresse deviendront des cris de guerre, et Malvina ne règnera plus. Pour détourner les soupçons, continuez ce-

pendant à décorer de fleurs cette partie du jardin, où
les fêtes doivent avoir lieu.

*Les Irlandais montent dans les arbres et les ornent de guirlandes et de fleurs.*

# SCÈNE II.

LES PRÉCÉDENS, WILLIAMS, *une bouteille à la main.*

WILLIAMS.

Ah! parbleu! monsieur le page, il me tardait de vous
rencontrer.

FIDÉLIO.

J'étais également impatient de vous voir et de vous remercier de votre bon accueil, mon cher hôte.

WILLIAMS.

Me remercier! et pour quelle raison s'il vous plaît?
J'ai bu, grâce à vous, les meilleurs vins, et j'en ai conservé
ce petit échantillon. (*Il montre la bouteille*) J'ai sa-
vouré les mets les plus délicats, j'ai dormi sur la plume,
et vous voulez me remercier? de vous avoir laissé faire
apparemment? Oh! ne vous gênez pas, vous pouvez continuer, je ne dirai jamais non.

FIDÉLIO.

Et vous ferez fort bien, car je n'aime pas que l'on me
contrarie, je vous en avertis.

WILLIAMS.

Ni moi, qu'on me fasse passer pour un menteur; et
cela vous regarde.

FIDÉLIO.

Comment donc?

WILLIAMS.

Ça vous va joliment de faire l'étonné! laissez donc!
comme si vous ne saviez pas...?

FIDÉLIO.

D'honneur.....

WILLIAMS.

Parole de cour: y croit qui veut.

FIDÉLIO.

Enfin?....

WILLIAMS.

Enfin? vous voulez le savoir? vous serez satisfait. Me
direz-vous pourquoi, lorsque je croyais vous héberger,
c'est moi qui le suis par vous? M'expliquerez-vous comment, à un signe fait par vous à Dickson, lorsque la du-

chesse m'ordonnait de lui présenter celle que ma complaisance pour mon fils devait faire passer pour ma belle-fille, au lieu d'une grande blonde, à l'œil bleu, au maintien modeste, que j'avais annoncée à nos voisins, je me suis vu sous le bras une petite brune à la mine éveillée, qui mènerait son mari?... Suffit, je m'entends; et, si je n'avais craint de vous compromettre, je vous aurais demandé sur-le-champ..... Chose différée n'est pas perdue, et je veux que l'on m'apprenne.....

FIDÉLIO, montrant la jeune Irlandaise que l'on a substituée à Mathilde.

Vous n'êtes pas satisfait d'une belle-fille de cette tournure? Ma foi, Williams, vous êtes bien difficile; car chacun la voudrait pour épouse où maîtresse, demandez plutôt à tout le monde.

WILLIAMS.

C'est possible... Mais la femme que Dickson accompagnait, la femme que j'ai reçue chez moi, ce n'est pas cette jeune personne, et mon fils me dira...

FIDÉLIO.

Rien, vous l'avez contraint au silence.

WILLIAMS.

C'est une manière de parler. Mais, parbleu! je saurai...

FIDÉLIO.

Prendre patience; j'en étais sûr.

WILLIAMS.

Et si l'on voulait tromper quelqu'autre personne que moi....

FIDÉLIO.

Vous vous consoleriez ensemble.

WILLIAMS.

Je percerai le mystère.

FIDÉLIO.

Pas possible.

WILLIAMS.

J'irai le découvrir.

FIDÉLIO.

Du tout, ça vous compromettrait.

WILLIAMS.

Bah! Et si je me tais?

FIDÉLIO.

C'est difficile.

WILLIAMS

Voyez-vous ça !

FIDÉLIO.

Mais comme je suis votre ami, et qu'on m'a tout
pris, si vous voulez qu'on vous dise.....

WILLIAMS.

Pas absolument.

FIDÉLIO.

Si fait, j'en jurerais; vous tenez à savoir....

WILLIAMS.

Du tout.

FIDÉLIO.

Vos regards me le disent.

WILLIAMS.

Ils ont tort.

FIDÉLIO.

Et je vous avouerai ...

WILLIAMS.

Je suis sourd.

FIDÉLIO.

Que l'affaire est sérieuse.

WILLIAMS.

C'est une plaisanterie.

FIDÉLIO.

Non, vraiment, il s'agit d'une conspiration.

WILLIAMS.

Qu'ai-je entendu?

FIDÉLIO.

C'est moi qui la dirige....

WILLIAMS.

Vous me faites frémir!

FIDÉLIO.

Afin de remplacer les pleurs par l'allégresse, le chagrin
par la gaîté, le mal par le bien, et les peines du siècle de
fer par le bonheur de l'âge d'or; n'est-il pas vrai, camarades?

Mortimer et les Irlandais se rapprochent de Fidélio et tendent la main à Williams. )

WILLIAMS.

Bravo, seigneur! Williams sera des vôtres, et, rassuré
sur votre sort, il boit à vos succès! Je me disais bien
qu'un page tel que vous, ne pouvait penser à trahir son
souverain.

FIDÉLIO.

Williams, que signifie?....

WILLIAMS.

Le seigneur Douglas est capitaine des gardes, c'est
vrai, et moi je suis dans les invalides; mais la vieillesse

est comme le bon vin, loin d'ôter la raison, ça en donne. (*Il boit.*) A votre santé! Et lorsque tout à l'heure il s'écriait : « Oui, madame, je soupçonne Fidélio d'avoir fa-
» vorisé cette évasion qui compromet la sûreté du trône...»

FIDÉLIO, à part.

Oh ciel!

WILLIAMS.

J'aurais juré qu'il se trompait.

FIDÉLIO.

Je vous remercie; et Douglas parlait...?

WILLIAMS.

A une femme, qui vous regardait hier avec des yeux pleins de colère et de tendresse.

FIDÉLIO.

A la duchesse Malvina?

WILLIAMS.

Voyez-vous comme il a deviné! (*A part.*) Mon fils m'avait bien dit que Malvina l'aimait.... Si j'étais à sa place.... ah! comme je boirais.

FIDÉLIO, bas aux Irlandais.

Vous l'entendez, chevaliers! Le soupçon, c'est l'éclair qui précède la foudre : ne la laissons pas éclater.

WILLIAMS.

Motus au moins, seigneur! car si l'on savait que j'ai parlé....

FIDÉLIO.

Vous n'avez rien à craindre.

WILLIAMS.

J'aurais mieux fait de me taire, cependant; et, pour éviter quelque nouvelle indiscrétion, je continue solitairement ma promenade avec cette douce amie. (*Il montre sa bouteille.*) Celle-là, du moins, n'a pas de langue, et ses rapports ne compromettent jamais.

(Il sort.)

# SCÈNE III.

### FIDÉLIO, MORTIMER, MACKIRTON, ENSUITE RICHARD ET DICKSON.

FIDÉLIO.

Si la duchesse est instruite, et si je n'ai pas le pouvoir d'atténuer l'effet des discours de Douglas, je dois trembler de sa vengeance!.... Que faire? Que résoudre? Il faudrait que le prince Richard.... Je l'entends, Dickson

est avec lui. Ne perdons pas la tête; et puisse un bon
génie avoir pitié de moi, et me servir de guide !

RICHARD, repoussant Dickson.

Qui t'a donné le droit de suspendre ma course? Elle
est là; je l'entends, elle m'appelle, et tu voudrais rete-
nir mes pas !

FIDÉLIO.

Son devoir, prince, est de vous suivre.

RICHARD.

Me suivre? vous? C'est au tombeau que je prétends
descendre; voulez-vous encore m'accompagner? Mais,
non, non, vous resterez sur cette terre que Mathilde
n'embellira plus, vous vous souviendrez de ses vertus,
vous penserez quelquefois à l'infortuné Richard, et vos
accens s'élèveront pour nous jusqu'au séjour de l'Éternel.

FIDÉLIO, à Mortimer.

Il ne songe qu'à la princesse; et peut-être, quand il la
reverra....

RICHARD.

Pourquoi ces fleurs, ces guirlandes? Ignorez-vous que
Mathilde a cessé de vivre; qu'à l'exemple de nos cœurs,
la nature doit se couvrir de deuil? Mathilde est morte !
les roses ne doivent plus fleurir ! Hier encore un rêve
consolant avait ranimé mon courage; je croyais la revoir,
cette amante adorée; je la pressais dans mes bras, mon
sein palpitait d'ivresse et d'amour. Aujourd'hui, l'espoir
a disparu, la vérité demeure; mon cœur ne bat qu'avec
peine, je suis seul sur la terre, tout le monde s'éloigne
de moi.... Ah! la vie est affreuse, à qui n'a plus le
bonheur.

FIDÉLIO, à Mortimer.

Comment l'instruire de nos projets, si son égarement
ne se dissipe pas?

RICHARD.

On a parlé.

FIDÉLIO.

Une crise heureuse s'opèrera, sans doute, dans ses
esprits, si nous offrons Mathilde à ses regards.

RICHARD.

C'est son nom qu'on a prononcé.

FIDÉLIO.

Oui, tentons ce dernier moyen. Dickson, pénètre auprès de la princesse, et fais-lui part de nos desseins.

( Dickson entre dans le pavillon où Mathilde est enfermée. )

RICHARD, *allant vers le pavillon.*

Quel pouvoir irrésistible m'entraîne toujours de ce côté? L'air m'y paraît plus pur ; je m'y trouve heureux heureux ! Mathilde y serait-elle? Son trépas est-il donc une imposture inventée pour me désespérer? Vous ne répondez pas, vous détournez la vue, vous craignez me questions? J'entends un bruit de chaînes ; le sang coule au tour de moi ; les meurtriers de Mathilde seraient-ils devant mes yeux? Et sa beauté n'a point touché votre âme? et ses vertus n'ont pu désarmer vos bras ?

FIDÉLIO.

Calmons d'abord ses transports.

*(Il prend sa harpe.)*

RICHARD.

Misérables !... fuyez ma présence ; le ciel connaît vos crimes, il se lasse de vous voir impunis, et s'il retient sa foudre encore, c'est pour vous mieux écraser.

FIDÉLIO.

Charme de l'harmonie, viens exaucer mes vœux !

*( Fidélio prélude sur la harpe, les traits de Richard reprennent leur sérénité.)*

RICHARD.

Quel transport inconnu vient agiter mon cœur?

# SCÈNE IV.

### LES PRÉCÉDENS.

*( Mathilde conduite par Dickson sort du pavillon, et s'approche de Richard.)*

RICHARD.

Fidélio ! mon ami ! c'est toi dont les accords.... (*Il se retourne.*) Quel fantôme, grand Dieu! a frappé mes regards ! Un poids terrible a cessé de peser sur mon cœur ! Ma tête se dégage; je vois, j'entends, je parle.... Mathilde ! Mathilde ! Oui, c'est elle, je la sens, je la presse. Mathilde, tu ne me quitteras plus. (*Il la prend dans ses bras.*) Amour ! si c'est un songe, fais-le durer toujours !

*Fidélio, Mortimer, Dickson et tous les Irlandais, s'inclinent devant la princesse.)*

FIDÉLIO.

O! mon prince! l'affreux délire qui troublait vos esprits cède au pouvoir de la tendresse ; vous reconnaissez vos serviteurs.... (*Il presse les mains de Richard.*) Pardonnez un transport bien naturel à l'homme assez heureux pour avoir brisé les fers de Madame.

RICHARD.

Quoi ! c'est à toi que je devrais Mathilde ! à toi qui partageais mes peines, qui prenais soin d'adoucir mes dou-

leurs! Fidélio, mes idées s'eclaircissent, mon égarement se dissipe; tout m'annonce une entière guerison; je
retrouve ma vaillance, et c'est à toi..... Ah! je suis heureux d'être prince! je pourrai reconnaître tes services, et
punir l'odieuse Malvina!

FIDÉLIO.

Si mes efforts ont conservé les jours de la princesse, si
vos chagrins ont disparu, si l'assistance de ces dignes
chevaliers, tous sujets de Madame, peut vous rendre la
couronne, n'oubliez pas qu'en ces lieux Malvina commande
en souveraine; qu'à sa voix la mort volerait; que Mathilde fut sa prisonnière; qu'une maladie terrible vous a
privé de l'exercice d'un pouvoir que la prudence et le
temps peuvent seuls remettre en vos mains. Pour vous,
prince, et pour nous, qui sans hésiter vous sacrifions notre
existence, dissimulez avec la duchesse, et souffrez, pour
vous mettre à la tête des défenseurs de vos droits, que la
princesse soit à l'abri du danger. Mackirton, écrivez vos
instructions au capitaine de la barque.

RICHARD.

Tu m'as rendu Mathilde, et je dois t'obéir. Parle, que
faut-il faire?

FIDÉLIO.

Vous séparer pour quelques instans; cette porte (*il
montre la porte de bronze*) masque l'entrée d'un souterrain qui aboutit au bord de la mer. Une grille en ferme
l'extrémité; grâce à mes soins, elle est ouverte. Le brave
Mortimer accompagnera Madame, et nous attendrons,
pour lever l'étendard de la révolte, qu'un signal nous
annonce que la princesse d'Irlande ne craint plus
Malvina.

RICHARD.

Et c'est un page, un étranger qui, se dévouant à nos
intérêts, joint le courage à l'adresse, et se multiplie pour
nous servir! France, noble patrie de l'honneur et de la
fidélité, tes enfans, quels que soient leur rang et leur âge,
sont-ils donc tous des héros?

FIDÉLIO.

Ne perdons pas un instant.

RICHARD.

Fidélio, braves Irlandais, je vous confie les destins de
Mathilde; protégez sa fuite; c'est une femme que vous
allez venger! Et, témoin de votre entreprise, je resterais
inactif! Non, chevaliers, ma valeur secondera la vôtre,

4

vous me verrez les armes à la main : le trépas n'a jamais effrayé un grand cœur, et le champ de bataille est un lit où les princes sont fiers de mourir.

FIDÉLIO, ouvrant la porte de bronze.

La porte est ouverte.

RICHARD.

O mes amis! ne l'abandonnez pas.

( Mackirton remet à Mortimer les tablettes qu'il a écrites : Mathilde, dont Richard se sépare avec peine, entre dans le souterrain, Mortimer la suit; Fidélio referme la porte. )

FIDÉLIO.

Maintenant, seigneur, laissez-moi le champ libre. La duchesse Malvina soupçonne, dit-on, une partie de la vérité : peut-être, malgré mon ascendant sur son esprit, et même sur son cœur, elle en voudrait à mes jours ; trop jeune encore pour ne pas tenir à la vie, je veux pouvoir la défendre. Allez donc, prince, et jusqu'au moment où les fêtes vous appelleront ici, ces vaillans chevaliers dérouleront à vos yeux nos plans d'attaque et de défense ; toi, Dickson, rassemble l'élite de nos conjurés, et conduis-les auprès de moi.

RICHARD.

La terreur, qui malgré moi vient glacer mes esprits, m'annonce l'approche de la duchesse, et je te quitte pour mieux suivre tes conseils. Mais si tes jours étaient menacés, si l'usurpatrice de ma puissance faisait porter sur toi une main criminelle, alors, mon cher Fidélio, Richard deviendrait ton frère d'armes ; et, protégeant ta jeunesse et ton dévoûment, il mettrait à son tour son bonheur et sa gloire à mourir pour son ami.

FIDÉLIO.

Eh ! qui pour vous ne donnerait ses jours !

RICHARD.

Entre nous, chevaliers, c'est à la vie, à la mort.

Richard, Mackirston, Dickson et les Irlandais, sortent par le pont et le chemin taillé dans le roc.

FIDÉLIO, seul.

Puisse un heureux succès couronner mon espoir ! Malvina s'avance ; n'oublions pas ma qualité de page, et, mettant à profit le tendre sentiment ou peut-être le caprice que je crois lui avoir inspiré, prouvons-lui bien qu'en fait d'esprit, de malice et de ruse, un page est toujours un peu femme.

# SCÈNE V.

### MALVINA, FIDÉLIO.

MALVINA, à Fidélio qui veut s'éloigner.

Restez, je vous cherchais.

FIDÉLIO.

J'obéis.

MALVINA.

Une confiance aveugle, mes bienfaits, des honneurs,
trop de bontés, peut-être, je vous accordais tout ; m'en
avez vous payée ?

FIDÉLIO.

En faisant mon devoir.

MALVINA.

Votre devoir ? Mathilde était ma prisonnière ; confiée
à votre loyauté, vous répondiez de ses destins.

FIDÉLIO.

N'ai-je pas toujours veillé sur elle ?

MALVINA.

Trop bien, je crois.

FIDÉLIO.

Trop bien, madame ?

MALVINA.

Oui : ses appas, ses malheurs auront touché votre
âme ; mon courroux, aujourd'hui, ne l'a plus pour victime ; on a brisé ses fers, et j'en accuse, vous.

FIDÉLIO.

Moi, princesse ?

MALVINA.

Vous-même. La feinte est inutile et je serai vengée.

FIDÉLIO.

Je crains votre colère, et non le châtiment.

MALVINA.

Les juges d'Édimbourg connaîtront votre crime.

FIDÉLIO.

Me traduire près d'eux, vous ne l'oseriez pas.

MALVINA.

Qui m'en empêcherait ?

FIDÉLIO.

Votre propre salut.

MALVINA

Téméraire !

FIDÉLIO.

Qu'est à la cour le pauvre Fidélio ? un page, et rien

de plus. Qui penserait jamais que, sans ordre positif, il eût osé charger de fers les mains d'une princesse souveraine ? Vous seule, madame, auriez pu me charger de cette périlleuse entreprise ; mais la nouvelle du trépas de Mathilde que vous avez fait répandre, ses funérailles célébrées sous vos yeux, et par votre commandement exprès, me défendraient contre votre attaque, si l'imprudence m'accusait d'avoir ouvert les portes de la prison : il faudrait donc alors que vous-même, faisant l'aveu d'un crime qui nous serait commun, vous daignassiez vous dire ma complice. Un semblable rôle ne peut convenir à votre auguste personne ! M'accuser, ce serait vous accuser vous-même, et Fidélio n'a rien à redouter.

MALVINA.

Et voilà votre seule défense ?

FIDÉLIO.

En trouvez-vous de meilleure ?

MALVINA.

Quoi ! tandis que ma plus mortelle ennemie échappe aux tourmens que ma haine lui destinait, lorsque sa liberté, rallumant la discorde, peut de nouveau compromettre tous mes droits, on me parle d'aveux que j'hésiterais à faire, de crime égal entre nous ! et c'est un enfant qui m'ose tenir ce langage ! un page obscur que d'un mot.... Je règne, je commande, et je ne crains personne.

FIDÉLIO, à part.

Je saurai l'adoucir. (*Haut*) Mais Richard a des droits plus sacrés que les vôtres.

MALVINA.

J'assurerai les miens en m'unissant à lui.

FIDÉLIO, à part.

Jouons le sentiment. (*Haut*.) Vous, madame ? Ah ! grands dieux !

MALVINA.

Ce projet vous afflige ? Cependant, si vous en étiez toujours digne, cet hymen ne m'empêcherait pas de vous protéger et de veiller sur votre avancement ; mais non, vous ourdissez des complots contre moi, vous connaissez mes ennemis sans me les découvrir. Le mot pardon, si votre innocence est douteuse, pourrait encore sortir de ma bouche ; rougiriez-vous de le solliciter ?

FIDÉLIO.

Le coupable implore une grâce, l'innocent n'en peut demander.

MALVINA, à part.

Tant de calme m'étonne.

FIDÉLIO, à part.

Ne nous trahissons pas.

MALVINA, à part.

Les soupçons de Douglas sont-ils sans fondement ?

FIDÉLIO, à part.

Mon sang-froid m'a sauvé.

MALVINA.

J'aimerais à croire que vous n'êtes pas coupable.

FIDÉLIO.

Puis-je l'être avec vous ?

MALVINA.

Mathilde, cependant.....

FIDÉLIO.

Je saurai la trouver.

MALVINA.

De combien de faveurs je paierais ce service !

FIDÉLIO.

Pour les mieux obtenir, je veux les mériter.

MALVINA.

Vous connaissez l'intérêt que je vous porte.

FIDÉLIO, à part.

Nous y voici.

MALVINA.

Mon front s'éclaircirait si vous étiez plus sage.

FIDÉLIO, à part.

Ahie ! ahie !

MALVINA.

Mais vous vous plaisez à exciter mon courroux. Hier encore, le hasard me conduit chez un de mes vassaux, et je vous trouve près d'une villageoise ! vous étiez à ses pieds ; que vous refusait-elle ? que lui promettiez-vous ?

FIDÉLIO.

Un entier dévoûment ; elle était si jolie !

MALVINA, avec fierté.

Jolie !.... Vous placez bien bas vos affections, Fidélio, et ma cour pouvait vous offrir....

FIDÉLIO.

Des beautés qui peut-être écouteraient mes vœux ; je l'ai pensé quelquefois.

MALVINA.

Vraiment ?

FIDÉLIO.

Et même en cet instant.

MALVINA.

N'osez-vous donc parler ?

FIDÉLIO.

Je suis bien petit, madame, et j'aurais besoin de re-garder si haut.

MALVINA, bas en voyant entrer Douglas.

Silence ! on nous écoute. (*Haut.*) Comte de Douglas, nos soupçons étaient mal fondés ; Fidélio... m'est toujours attaché, n'est-il pas vrai, mon ami ? Et je veux qu'il ou-blie tout.

FIDÉLIO, à Malvina.

Excepté la fin de l'entretien.

MALVINA, lui fermant la bouche.

Enfant! (*Haut.*) J'attends ici le prince, qu'il s'y rende, et que les danses suivent son arrivée.

FIDÉLIO.

Sans doute vous n'ignorez pas que des symptômes fa-vorables annoncent en lui le retour de sa raison ?

MALVINA, à part.

Oh ciel ! et Mathilde que ma rage ne peut immoler !

FIDÉLIO.

Sa guérison complète est le but de nos vœux. N'est-il pas vrai, seigneur Douglas ?

MALVINA.

Sortez, je vous l'ordonne.

FIDÉLIO, à part en sortant.

J'ai conjuré l'orage et démasqué son cœur.

( Il sort. )

# SCÈNE VI.

**MALVINA, DOUGLAS, ensuite WILLIAMS.**

MALVINA.

L'égarement du prince aurait-il en effet cessé ? Comte de Douglas, un tel événement, dans les circonstances ac-tuelles, pourrait avoir les plus graves résultats. Rendu à la raison, s'il apprenait que sa Mathilde respire, qu'elle est libre ; l'offre de ma main, que vous m'avez conseillé de lui faire, serait rejetée avec mépris, et les Ecossais, fidèles au dernier fils de leurs anciens souverains, déserteraient mes bannières en me réduisant au titre de sujette!.... Quelle humiliation pour ma fierté! Malvina dicte des lois, et Malvina recevrait des ordres! Jamais. Que Richard ne soit instruit de l'existence de la princesse d'Irlande qu'alors que des nœuds solennels me l'auront donné pour époux. Régner est tout pour mon âme orgueilleuse; et, née pour commander, c'est en souveraine que je veux vivre et mourir.

WILLIAMS, arrivant.

J'en ai trop entendu pour garder le silence : on peut m'avoir vu, et cela me compromettrait.

MALVINA, l'apercevant.

Qui vient nous interrompre! Et qu'avez-vous?

WILLIAMS.

J'ai peur.

MALVINA.

Pourquoi?

WILLIAMS.

Williams en sait trop pour se taire, et pas assez pour s'expliquer.

MALVINA.

N'êtes-vous pas ce montagnard chez lequel, ce matin...?

WILLIAMS.

Juste, vous l'avez dit.

MALVINA.

Eh bien?

WILLIAMS.

J'allais me promener sur le bord de la mer, quand tout à coup, à l'extrémité d'un souterrain dont la grille était ouverte....

MALVINA.

Eh! qui donc a pu sans mon ordre?... Poursuivez.

WILLIAMS.

On parlait, et mon nom vient frapper mon oreille.... C'était une femme qui portait la parole.

MALVINA.

Une femme?

WILLIAMS.

Et cela me fit plaisir, parce qu'une femme;.... vous savez bien que, malgré qu'on soit vieux..... Le nom du prince Richard, le vôtre, le mot complot, celui de trahison également prononcés, m'ont rendu plus attentif.

MALVINA.

Ensute ?

WILLIAMS.

Mais bientôt, la crainte l'emportant sur la curiosité, n'allez pas m'en vouloir.

MALVINA.

Non, achève.

WILLIAMS.

On m'avait aperçu, et, redoutant les suites de cette rencontre, j'ai bravement poussé la grille, tiré les verrous, enlevé la clef; je la tiens et voulais la donner....

MALVINA.

A qui ?

WILLIAMS.

Au seigneur Fidélio, pour qu'il vous la remît.

MALVINA.

Donne-moi cette clef.

WILLIAMS, lui donnant la clef.

La voici. ( *A part.* ) Comme son visage est devenu méchant !

MALVINA, montrant la porte de bronze.

Une femme, Douglas, dans ce souterrain, fuyant tous les regards ! Si c'était ?... Nous le saurons, la seule entrée est là, et sans doute bientôt.... Ecossais, loin de t'adresser des reproches, Malvina te remercie, et ses bienfaits te suivront en tous lieux.

WILLIAMS, à part.

Le bavardage de ma défunte m'a fait perdre une place ; si mon indiscrétion allait me la rendre !

MALVINA, près de la porte.

J'entends marcher, on remonte dans les jardins. Douglas, de la prudence : Williams, ne parlez plus.

WILLIAMS.

Bouche cousue, c'est fini.

## SCÈNE VII.

### LES PRÉCÉDENS, MATHILDE ET MORTIMER.

( Malvina, Douglas et Williams se retirent dans le fond, la porte de bronze s'ouvre, Mathilde et Mortimer sortent du souterrain. )

MALVINA, à Douglas.

Ma haine l'avait deviné, c'est mon odieuse rivale.

WILLIAMS, à part.

C'est ma jeune étrangère.

MALVINA, saisissant Mathilde.

Princesse d'Irlande, tu ne m'échapperas plus. (*Mortimer tire son épée.*) Douglas, défendez votre souveraine. Et toi, détestable Mathilde, si tu profères un seul cri, ce poignard me vengera.

WILLIAMS, à part.

Une princesse! j'avais bien marié mon fils.

Un combat s'engage, entre Douglas et Mortimer, blessé mortellement, ce dernier tombe, Mathilde va s'élancer, Malvina la retient. Mortimer prend les tablettes remises par Mackirton, et veux les avaler Douglas s'en empare, Mortimer meurt, Malvina prend les tablettes. )

MALVINA, en montrant Mortimer.

Ses traits me sont inconnus, mais je connaîtrai leurs desseins. (*A Williams*) Veillez sur la princesse.

WILLIAMS.

Oui madame. (*A part.*) Ses yeux me font trembler.

MALVINA·

(*Elle lit.*) « Que l'explosion d'une mine nous annonce » l'embarquement de la princesse d'Irlande. » (*Elle parle.* ) Ah! vous prétendiez fuir. (*Elle lit.*) « Nous attendrons ce » moment pour annoncer à Malvina que le pouvoir ne lui » appartient plus. » (*Elle parle*) Moi? cesser de régner? les traîtres! et pas de signature! et j'ignore qui me trahit! (*Elle réfléchit.*) Oui, ce projet peut réussir, Douglas, écoutez-moi. (*A Williams.*) Songez à me servir.

WILLIAMS, à part.

Que va-t-elle ordonner?

MALVINA, à Williams.

Volez près du comte Arondel; ce signal dont on parle, il le fera donner. (*Elle lui remet un papier qu'elle écrit en parlant*) Prenez: de l'or à qui me sert, la mort pour qui me trompe.

WILLIAMS.

Je vais suivre vos ordres. (*A part*) Et prévenir Dickson, si je puis le trouver.

MALVINA.

Que le corps de ce misérable soit jeté dans le souterrain.

( Williams et Douglas, trainent Mortimer dans le souterrain, dont ils referment la porte, Williams sort.

# SCÈNE VIII.

### MALVINA, MATHILDE, DOUGLAS.

#### MALVINA.

Et vous, madame, entrez dans ce pavillon; et de Richard surtout évitez la présence; s'il vous y devinait, vous n'existeriez plus. Comte de Douglas, veuillez l'accompagner.

*( Mathilde supplie Malvina de lui rendre la liberté Douglas l'entraîne.)*

#### MALVINA.

· Je verrai les coupables, et la mort les attend! **Si Fi**délio était du nombre? Il n'importe, abjurons ma **faiblesse;** l'ambition plutôt qu'un tendre attachement doit **occuper** le cœur des princes, et si le jeune page m'a trahi, il **parta**gera le sort de ses complices. Richard s'approche, **suivons** bien mes projets.

# SCÈNE IX.

### MALVINA, RICHARD, DICKSON.

#### RICHARD, bas à Dickson.

Ne t'éloigne pas, Dickson, et si le signal avait lieu....

#### MALVINA.

Venez, prince.

#### RICHARD.

J'obéis. (*A part.*) Osera-t-elle, comme me l'a dit **Fidélio,** me faire l'offre de sa main.

#### MALVINA.

Prince, un changement heureux s'est opéré, **je le vois,** dans toute votre personne, et la prospérité de **l'Ecosse,** son bonheur, sa tranquillité me faisaient désirer **ce mieux** que j'aperçois. Maintenant il vous sera **possible de** m'entendre.

#### RICHARD.

Madame.

#### MALVINA.

Née du même sang que vous, mes droits **égalaient** peut-être ceux du prince votre frère; ces droits **et des** raisons d'état déterminèrent seuls une alliance, **où nos** cœurs ne furent pas consultés. Atteint de la **maladie qui** le conduisait au tombeau, Edouard, respirant à peine, **ne** m'offrit, en s'unissant à moi, qu'un simulacre d'époux; **le** lit nuptial ne me fut point ouvert et la toque virginale. ornait encore mon front qu'il fallut me couvrir de **lugu**bres habits. Votre jeunesse d'abord, ensuite vos **souffran-**

ces, me firent décerner une régence que je n'ambitionnais
point, et dont le poids, jusqu'à ce jour, ne m'a point
paru trop pesant. J'ai tout fait pour la gloire de l'Écosse ;
et cependant, votre entier rétablissement peut m'enlever
un pouvoir, que maintenant il m'est doux d'exercer ; si
vos partisans sont nombreux, les miens ont du crédit : la
guerre civile, comprimée par ma fermeté, éclaterait avec
une force nouvelle ; l'agitation des esprits entretiendrait
sa fureur. Prévenons de tels maux, prince, et remplacez
sur le trône et près de moi, le souverain que pleure encore l'Écosse et l'époux que j'ai perdu.

RICHARD, bas à Dickson.

Fidélio ne m'avait pas trompé.

MALVINA.

J'attends votre réponse. (*A Dickson.*) Et vous, n'approchez pas.

RICHARD.

Avant même que des nœuds sacrés eussent lié votre
sort à celui de mon frère, il vous souvient, madame, que
le besoin de réunir l'Écosse et l'Irlande avait déterminé
une alliance entre moi et la jeune héritière de ce dernier
pays. Plus heureux que vous ne le fûtes, l'amour m'offrit
Mathilde parée de mille grâces et de toutes les vertus ;
mon cœur volait au devant d'elle, et j'appelais de tous mes
vœux l'instant où les duchés de Dublin et d'Édimbourg
devaient, grâce à mon hyménée, se montrer à l'Europe
marchant sous les mêmes drapeaux. Espoir trop cruelle-
ment déçu ! Mathilde et la raison me furent en même
temps ravies ; en proie aux horreurs d'une affreuse maladie, dans mon délire, je demandais Mathilde, je croyais
la voir se débattant au milieu des bourreaux, implorer
mon secours et répandre des larmes ; j'aurais voulu, au
prix de tout mon sang, racheter quelques gouttes du
sien ; chaque nuit, le sommeil me montrait l'espérance ;
chaque matin, la vérité m'apparaissait plus terrible que
la veille, et pourtant je doutais encore ; j'ai bien vu le
cercueil qu'on me dit renfermer Mathilde, je n'ai point
contemplé ses restes adorés. Pardonnez ma franchise :
élevé dans les montagnes de l'Écosse, j'ai la rudesse de
ses habitans ; mon âme déteste la feinte, elle me dit que,
né pour régner, je dois aux peuples l'exemple de la bonne
foi, et mon front rougirait devant vous, madame, si l'imposture vous faisait, par ma bouche, une promesse que
mon cœur ne tiendra jamais. Puis-je oublier la haine que

Mathilde vous inspirait; effacerai-je de mon souvenir la joie cruelle que vous causa son trépas. La nature m'a rendu la raison, l'amour peut me rendre Mathilde. Le tombeau, je le sais, ne restitue jamais; mais la mort de Mathilde est peut-être un mensonge, inventé tour à tour par le crime et par vous.

MALVINA, à part.

Dérobons-lui ma rage, il est instruit de tout. (*Haut.*) Ces propos insultans et votre froid dédain ne sauraient m'émouvoir, prince; vous régnerez, et vous verrez bientôt si mes paroles de paix étaient franches et sincères.

# SCÈNE X.

Les Précédens, FIDÉLIO, MORTIMER, ARON-DEL, MACKIRTON, Irlandais, Ecossais, Gardes, Villageois, etc., etc.

FIDÉLIO.

La fête est dispoée. (*Bas à Malvina*). Vous épouse-t-il?

MALVINA.

Non. (*A part.*) Mais ma vengeance est prête.

FIDÉLIO, bas à Richard.

Tous nos amis sont là.

RICHARD, bas à Fidélio.

Attendons le signal.

MALVINA, bas à Richard.

Cachons aux yeux du peuple nos pénibles débats. (*Haut*). La fête a lieu pour vous, prince, daignez y prendre part.

FIDÉLIO, bas à Dickson.

La duchesse ne s'attend guère au bouquet que nous lui préparons.

MALVINA, bas à Arondel.

Arondel, un montagnard vous a transmis mes ordres? Bien. L'explosion aura lieu, vous doublerez mes gardes, et je saurai enfin quels sont mes ennemis.

(Richard présente la main à Malvina, ils prennent place sur un des côtés du théâtre. Les conjurés, armés de haches, exécutent une danse armée. L'explosion se fait entendre. Richard, Fidélio, Dickson, Mackirton et les Irlandais, traversent le pont et garnissent le chemin taillé dans le roc.)

MALVINA.

Je connais donc les traîtres! Gardes punissez-les.

(Les gardes de Malvina font un mouvement, Dickson brise le pont avec sa hache, le torrent l'entraîne. Les gardes reculent.)

RICHARD.

Malvina, ton pouvoir est détruit. Mathilde existe, je l'ai vue ; à l'abri de tes coups je vais la couronner, et tu ne peux venir l'arracher de mes bras.

MALVINA.

Ce torrent nous sert de barrière, et Mathilde est en mon pouvoir.

RICHARD.

Elle est libre?

MALVINA.

Elle est devant toi.

(Malvina ouvre le pavillon, Mathilde en sort conduite par Douglas.)

FIDÉLIO.

Grands dieux ! elle est perdue !

RICHARD.

Mathilde ! O désespoir !

MALVINA.

Tous vous perdrez la vie. (*A Mathilde.*) Et toi tu vivras pour souffrir.

RICHARD.

Ou sa délivrance, ou la mort.

(Mathilde, un genou en terre implore le ciel. Malvina, Douglas, et les gardes menacent les Irlandais.)

TABLEAU.

FIN DE LA DEUXIÈME PARTIE.

# TROISIÈME PARTIE.

Le théâtre représente l'intérieur d'une forêt, des débris de co-
lonnes sont épars çà et là; à droite un tombeau fermé
par une herse de fer. De l'autre côté nn rocher snr lequel
existent encore deux piliers qui jadis soutenaient un pont
lévi. Un escalier pratiqué dans le rocher conduit sur le devant de la scène, des arbres, des voûtes occupent le reste
du théâtre. Une poterne masque un autre souterrain, par
lequel Malvina arrive à la scène troisième. Il fait nuit.

## SCÈNE PREMIÈRE.

### RICHARD, FIDÉLIO, DICKSON, MACKIRTON, IRLANDAIS.

#### FIDÉLIO.

Non, prince, nul autre chemin ne conduit à Edim-
bourg, et Malvina sera forcée de passer près de ces
ruines. Mais que pourra votre vaillance contre les gardes
nombreux dont elle a fait environner la princesse d'Irlande.

#### RICHARD

Mathilde existe; elle est prisonnière, et des périls vien-
draient effrayer mon cœur! Ah! Fidélio, tu ne connais
pas l'amour.

#### FIDÉLIO.

C'est possible; mais les ruses d'un écolier, quand on
n'a pas vingt ans, sont encore familières, et c'est d'elles
aujourd'hui que j'attends un succès, s'il peut être
obtenu.

#### RICHARD.

Mackirton, et vous, nobles amis, que l'adversité
n'a pu détacher de ma cause, vous m'avez juré de vous
sacrifier pour votre princesse infortunée; ce serment,
mon cœur l'a répété. Engagés par l'honneur, unis
par le courage, et soutenus par l'espérance, ne laissons
pas la coupable Malvina mettre le comble à tous ses
crimes en se souillant d'un nouveau meurtre. Mathilde
est malheureuse, elle est innocente, elle est belle; et vo-
lant au devant du coup qui la frapperait, nous ne pour-
rions l'arracher à la mort? Notre glaive resterait oisif entre
nos mains, lorsque la hache est levée sur sa tête; non,

chevaliers, cette lâche action nous enlèverait notre propre estime; armés pour la vertu, il n'est rien d'impossible; et voler au trépas pour protéger les femmes, c'est obéir au ciel qui nous créa pour les défendre et les aimer.

FIDÉLIO.

A merveille; mais d'abord conservons-nous pour elles, et toutes nous remercierons.

RICHARD.

Et c'est au même instant où nous la croyons libre, que d'indignes fers vont charger les mains de Mathilde! Qui donc, oubliant la foi jurée, a pu trahir la plus sainte des causes, en découvrant à la duchesse notre généreuse entreprise? Qu'est devenu Mortimer et quel monstre, en livrant la princesse à sa plus mortelle ennemie, a pu calculer sans frémir l'excès de la vengeance, où se porterait un amant réduit au désespoir? Les tourmens de l'enfer s'emparent de ma tête, affaiblie par l'excès de mes maux; ils déchirent mon cœur, ils me dévorent! Malvina! Malvina! crains le retour de mon délire; mon amour et ma rage aiguiseraient le fer, et ton sexe ne te sauverait pas.

FIDÉLIO.

Croyez-vous donc, seigneur, quand les braves Ecossais connaîtront à la fois la fin de votre égarement, l'existence de Mathilde, et la perfidie de la duchesse, qu'ils voudront encore la servir? Rendez plus de justice à cette nation, aussi noble que courageuse. Montrez-vous, prince; appelez auprès de vous les habitans de cette principauté. Dumfries, Glascow, Inverness vous fourniront des milliers de soldats. On connaît vos malheurs, on estime vos vertus, on entendra votre langage; le peuple n'est jamais sourd lorsqu'on lui parle d'honneur.

RICHARD.

Le bonheur de Richard sera d'en être aimé.

FIDÉLIO

Suivi de Mackirton et de ses intrépides compagnons, tandis que vous irez enflammer le zèle de vos sujets, ranimer le courage des uns, dissiper la crainte des autres, Dickson et moi nous resterons ici. Malvina doit s'y rendre; Mathilde est sa captive; mon cœur vous est connu; vous la reverrez, prince, ou votre épée nous vengera.

RICHARD.

Oui, Fidélio, oui, tes discours à mon âme ont rendu son audace, et tes conseils sont des ordres pour moi.

FIDELIO.

De la loyauté surtout, point d'arrière-pensée ; ne promettez à ceux qui vous serviront que ce qu'on peut leur accorder : mais tout en redoutant l'issue de nos projets, des chants, de la gaîté ; la gaîté, c'est le soutien de la vie, et les grelots de la folie étourdissent la douleur en faisant naître l'espoir.

RICHARD.

Suivez mes pas, chevaliers ; le ciel protégera notre noble entreprise, et j'ai pour garans du succès votre valeur, mon amour et l'amitié de Fidélio.

( Richard embrasse Fidélio et sort suivi des Irlandais. )

## SCÈNE II.

### FIDÉLIO, DICKSON.

FIDELIO.

Cher Dickson, maintenant examinons ces lieux. C'est ici, m'as-tu dit, qu'existent ces restes de prisons, dont ton père était le gardien, avant sa disgrâce, et la destruction du château. (*Il montre la poterne.*) De ce côté si tu m'as bien instruit, cet escalier tombant en ruines conduit à un souterrain par lequel on parvient au plus épais de la forêt ; (*Il désigne l'escalier taillé dans le rocher.*) et c'est par-là qu'au besoin nous pourrons nous dérober aux yeux de Malvina. Château, voûtes, prison, captif, tout se trouve ici ; et si jamais un faiseur de roman vient s'y promener.... Mais, Dickson, regarde à la lueur de ces flambeaux.... C'est la duchesse que j'aperçois ! Mathilde est avec elle !... Dieu ! ton père les suit !.... Oui, c'est lui, c'est Williams.... Que vient-il faire ici ?

( Fidélio et Dickson montent l'escalier et parvenus sur la plate-forme du rocher, ils se cachent près des deux piliers. )

## SCÈNE III.

FIDÉLIO, DICKSON, (*cachés*), MALVINA, MA-THILDE, WILLIAMS, DOUGLAS, ARONDEL, Gardes, *arrivant par la poterne.*

MALVINA.

C'est ici le terme de notre marche.

FIDELIO (à part.)

Prêtons une oreille attentive.

MALVINA.

Williams, écoutez-moi. (*Aux gardes en désignant*

*Mathilde.*) Qu'on la tienne à l'écart. Douglas, Arondel, approchez-vous aussi.

FIDELIO, bas à Dickson.

Si la princesse pouvait nous voir, son courage serait ranimé.

MALVINA.

Williams, vous étiez autrefois gardiens de ces prisons?

WILLIAMS.

Cent ans de père en fils.

MALVINA.

Vous en connaissez les détours?

FIDELIO, à part.

Ne perdons pas un mot.

WILLIAMS.

Ça n'est pas sorti de ma tête. Portes, entrées, trapes, prison, je n'ai rien oublié.

MALVINA.

Il suffit.

WILLIAMS.

Ici par exemple, cet antique tombeau, fermé par la grille dont vous m'avez confié la clef, donne accès dans un lieu qui servait à déposer les armes; sous la troisième pierre, un bouton se trouve, on le presse, la pierre tourne, un souterrain se présente, on descend treize marches, et l'on parvient à un cachot humide, où jadis les condamnés à perdre la vie étaient déposés jusqu'au moment de leur exécution.

FIDELIO, bas à Dickson.

As-tu bien entendu ?

MALVINA.

C'est assez; je vous rends votre emploi, Williams. Sans vous je n'aurais pas Mathilde en mon pouvoir, et je dois compter sur votre zèle.

FIDELIO à part.

Misérable! c'est lui qui nous a trahi.

MALVINA.

Vous le savez, Arondel, la révolte des habitans de Glascow et d'Inverness est certaine, grâce aux intelligences qu'y entretenait Fidélio.

FIDELIO, à part.

O bonheur! ils serviront Richard.

MALVINA.

Les clameurs de ce peuple indocile, les bandes de villageois descendus de la montagne et garnissant la plaine, doivent retarder pour quelques instans mon retour dans la capitale. (*A Mathilde.*) Vos larmes et votre beauté pourraient les intéresser, madame, et ma politique me défend de vous exposer à leurs yeux. Les cachots, dont Williams vient de me parler, ont ce double avantage d'être sûrs et d'être ignorés ; c'est là que vous attendrez votre sort.

FIDELIO, à Dickson.

L'infortunée !

MALVINA.

Williams, vous veillerez sur elle.

WILLIAMS (à part.)

Et je la sauverai, car mon cœur me le dit.

MALVINA.

Mais Douglas veillera sur vous.

WILLIAMS.

Sur moi ?

MALVINA.

Vous m'avez entendu, et vous obéirez.

WILLIAMS, à part.

Puissai-je réparer tout le mal que j'ai fait,

MALVINA, à Mathilde qui l'implore.

Mes ordres sont des lois, il faut vous y soumettre.

(Williams ouvre la grille entre dans le tombeau, et fait descendre Mathilde dans les cachots, en se servant des moyens qu'il a indiqués, tandis que Dickson, monté sur l'un des piliers, examine ce que fait son père.)

MALVINA.

Si mes efforts sont vains, si le prince l'emporte sur moi, Mathilde au moins nous servira d'otage. Douglas, vous vouliez sa mort, je le sais ; mais le temps n'est pas venu et Malvina la réserve à des tourmens plus grands.

FIDELIO, à part.

Et le ciel irrité ne la punira pas.

(Williams sort du tombeau, ferme la grille, prend la clef et la met à sa ceinture.

WILLIAMS.

. Vos ordres sont remplis. (*A part.*) Et j'ai dit à la princesse qu'elle pouvait encore espérer.

MALVINA.

Je vous laisse, et vais donner mes ordres. Si le prince paraît, emparez-vous de sa personne, gardes, dont la fidélité est mon plus ferme appui ; mais si le traître Fidélio ose se montrer devant vous....

FIDÉLIO, à part.

Fort bien, c'est à mon tour.

MALVINA.

Mis à mort sur-le-champ.

FIDÉLIO, à part.

Grand merci.

WILLIAMS, à part.

Malheureux ! voilà ce que l'on gagne à former des complots.

MALVINA.

Partons ; votre main, Arondel. Douglas, restez ici.

( Malvina sort avec Arondel et ses gardes )

# SCÈNE IV.

**FIDÉLIO, DICKSON** (*cachés*), **WILLIAMS, DOUGLAS**, DEUX GARDES.

WILLIAMS.

Me voilà donc sous votre surveillance, seigneur Douglas ; car si je garde la princesse, vous gardez le geôlier, et nos fonctions ont un certain rapport.

FIDÉLIO, à Dickson

Si nous pouvions lui enlever la clef du souterrain.

WILLIAMS.

Cela m'autorise à vous offrir sans façon de trinquer avec moi ; quand le vin est bon, qu'importe la main qui le verse ; tenez, asseyons-nous ici.

FIDÉLIO.

Dickson, mon espoir est en toi.

( Williams et Douglas s'assayent sur les marches de l'escalier ; les gardes par terre à leurs pieds. Dickson se glisse sur l'escalier la tête en bas. Williams prend une bouteille d'osier, offre un verre à Douglas, et cherche un tire-bouchon dans sa poche, à l'instant où Dickson lui enlève la clef de la grille.)

WILLIAMS, prenant un tire-bouchon.

Voilà qui doit ouvrir la porte au prisonnier.... Que contient ma bouteille.

FIDÉLIO, qui a vu l'action de Dickson.

Grand Dieu ! protége ses efforts !

(Williams, Douglas et les gardes trinquent ensemble, tandis que Dickson, se laissant couler le long des ruines, s'approche de la grille, l'ouvre, et s'introduit dans le souterrain.)

WILLIAMS.

Il est bon, n'est-ce pas, Seigneur ? et je m'accoutumerais fort bien d'un pareil ordinaire : j'en suis redevable à la générosité du jeune page Fidélio, qui me le fit donner hier soir au château : et ma foi, en mémoire de ce bienfait, et malgré sa conduite, que je ne puis juger, et son arrêt de mort prononcé par la duchesse, je bois ce dernier coup à sa bonne santé.

FIDELIO, à part.

Bien obligé.

WILLIAMS.

Ça ne vous empêchera pas, si vous le rencontrez, de.... Vous comprenez ? (*A Douglas, qui pendant ce temps s'est approché du tombeau dont il voit la grille ouverte*). Un instant, comte de Douglas, et n'usurpez point ma puissance : la souveraine vous a dit de surveiller ma conduite, sans vous autoriser à pénétrer ici. (*A part.*) N'aurais-je donc pas fermé la grille, ou serait-ce lui? C'est égal, reprenons la clef.

FIDELIO, qui lui voit refermer la grille.

Plus d'espoir, maintenant.

WILLIAMS, à part.

Si je puis, en sauvant la princesse, conserver ma place et la vie, je ne désirerai plus rien. Mais que faire pour les secourir?

(Williams prend la clef: au même instant, Dickson et Mathilde remontent dans le tombeau, Williams les voit.)

WILLIAMS, à part.

Malheureux! c'est mon fils, il m'avait prévenu. (*Bas à Dickson.*) Dickson, fais ton devoir, et ne crains rien de moi. (*Haut en revenant vivement de l'autre côté*). Ah ça, mes camarades, si je n'ai plus de vin à vous offrir, il nous reste la pipe. Le tabac, c'est la vie du militaire; et si le seigneur Douglas veut en user avec nous....

(Williams et les gardes prennent des pipes et les bourrent de tabac, pendant ce temps, Dickson a rassemblé des pierres et monte sur le tombeau.)

FIDELIO, à voix basse.

Eh bien, Dickson, as-tu vu la princesse?

WILLIAMS, à part.

Amusons-les toujours. (*Haut*). Le briquet maintenant.

FIDELIO, voyant Mathilde que Dickson fait monter.

C'est elle! ô jour heureux!

(Williams bat le briquet, et Dickson s'élance sur le rocher où Fidélio est caché.)

WILLIAMS, à part en l'apercevant.

Pourront-ils s'échapper?

(Les gardes allument leurs pipes. Dickson saisit les chaînes attachées aux piliers et se place transversalement, les pieds sur le rocher et la tête sur le tombeau, de manière à former une espèce de pont, sur lequel passe Mathilde. Fidélio à genoux suit tous leurs mouvemens, Williams les voit et laisse tomber sa pipe.)

WILLIAMS.

O mon Dieu! je te remercie. (*A Douglas, en ramassant sa pipe*). Il ne lui est rien arrivé, et je tenais à sa conservation.

FIDELIO, bas à Dickson.

Comment sortir de la forêt.

WILLIAMS.

Ne vous éloignez donc pas, seigneur Douglas, j'ai encore à vous parler au sujet du page Fidélio; et, vous le savez, mon poste est ici.

FIDELIO, à part.

Écoutons bien.

WILLIAMS, à part.

Ils m'ont compris. (*Haut*). La duchesse est furieuse contre ce jeune homme, mais elle s'apaisera; et s'il est dans cette forêt, au lieu de chercher à s'évader, il ferait bien de s'y cacher ; car, en sortir, impossible ! Les hommes d'armes en font le tour, et, à la première rencontre, joue, feu, tout serait dit. Ainsi, pour son salut et celui de ses compagnons, s'il en a, qu'il ne se montre pas et qu'il se fie à la Providence, elle n'abandonne jamais les proscrits.

FIDELIO, à part.

Profitons des conseils de Williams ; le jour paraît, silence, et dérobons nos traces.

(Mathilde, Fidélio et Dickson s'enfoncent dans le bois. Douglas examine les ruines. Il fait jour.

WILLIAMS, à part.

Ils sont partis. (*Haut*). C'est un plaisir pour moi de me retrouver ici ; j'y ai fait quelque bien, et le souvenir d'une bonne action, ça rafraîchit le sang et ça donne du courage... Mais on revient vers nous ; c'est notre souveraine... (*À part*). Ma foi, il était temps.

# SCÈNE V.

## MALVINA, ARONDEL, WILLIAMS, DOUGLAS, Gardes.

MALVINA.

Douglas, mes craintes n'étaient que trop fondées ; les Écossais, rappelés à leur antique valeur par la présence de Richard, poussent des cris de guerre et m'osent menacer. Ma perte est résolue, et ma mort est certaine ; mais leur triomphe, au moins, coûtera bien des larmes. Williams, guidez mes pas. (*Elle prend le sabre d'un soldat*). Et vous, donnez ce fer. Mathilde, il est pour toi.

WILLIAMS.

Grâce, grâce pour elle.

MALVINA.

Faible vieillard, elle t'inspire de la pitié ! Sa mort est mon espoir, exécutez mes ordres.

( Elle lui présente le sabre.)

WILLIAMS.

J'obéis à nos lois et jamais aux bourreaux.

MALVINA.

Lâche ! tu périras.

(Douglas, Arondel et les gardes font un mouvement vers Williams. Richard et les Irlandais arrivent de tous côtés.)

# SCÈNE VI.

LES PRÉCÉDENS, RICHARD, MACKIRTON, IRLANDAIS.

RICHARD.

Tes gardes sont détruits, et ma clémence seule peut épargner ta vie, Écoute. Malvina, la princesse d'Irlande est ta captive; je l'aime plus que moi-même, mais son existence m'est plus chère que mon bonheur. Malvina tu peux régner encore, et par la grandeur du sacrifice que je vais faire, juge de l'excès de mon amour. J'aime Mathilde, et je te hais; son cœur est le sanctuaire des vertus, quand le tien est l'asile du crime, et cependant je renonce à ma tendresse, au bonheur, à Mathilde, brise à l'instant ses fers, et je m'unis à toi.

MALVINA.

Je triomphe!

# SCÈNE VII.

LES PRÉCÉDENS, FIDÉLIO, ENSUITE MATHILDE ET DICKSON.

FIDELIO, sur le rocher

Arrêtez!

MALVINA.

Fidélio! le traître!

RICHARD.

Mon ami!

FIDELIO.

La princesse d'Irlande n'est plus en sa puissance; délivrée par Dickson et par moi, vous allez la revoir.

RICHARD.

O! bonheur!

MALVINA.

Tu n'en jouiras pas.

WILLIAMS, se jettant devant Richard.

Nous défendrons ses jours.

MALVINA.

Et nous saurons mourir.

( Le combat s'engage entre Malvina, Douglas, Arondel et les gardes d'une part; Richard, Williams, Fidélio, Dickson et les Irlandais de l'autre. Malvina est vaincue, Mathilde se jette dans les bras de Richard. )

MALVINA, blessée.

Mon trépas va t'ouvrir le chemin du trône! Tu régneras, prince que je déteste; et toi, perfide Fidélio, dont mes coupables bontés... Ciel! ne vois-je pas Mathilde!... Odieuse rivale!.. Mes forces m'abandonnent, et mon plus grand regret en perdant l'existence, c'est de tomber à tes pieds.

(Malvina tombe, Fidélio prend la main de Richard, Williams et Dickson embrassent les genoux de Mathilde, les troupes agitent leurs [illegible] tableau général. )

FIN.